ÉTUDE

SUR

LE CANTIQUE A SAINTE ANNE

COURONNÉ

AUX JEUX FLORAUX D'APT

LE 14 SEPTEMBRE 1862.

MARSEILLE

IMPRIMERIE ET LITHOGRAPHIE SENÈS,

Rue Paradis, 36.

—

1862

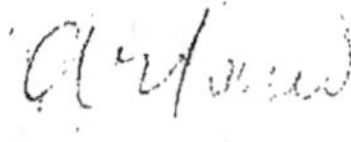

ÉTUDE

SUR

LE CANTIQUE A SAINTE ANNE

COURONNÉ

AUX JEUX FLORAUX D'APT

LE 14 SEPTEMBRE 1862.

MARSEILLE

IMPRIMERIE ET LITHOGRAPHIE SENÉS,
Rue Paradis, 36.

1862

ÉTUDE

SUR

LE CANTIQUE A SAINTE ANNE

COURONNÉ

AUX JEUX FLORAUX D'APT

Le 14 Septembre 1862.

———

Dès les premiers jours du printemps dernier, la presse du midi, presque toute entière, prêtait gracieusement son concours au *Mercure Aptésien*, pour faire connaître au loin l'heureuse pensée, qu'un zèle pieux avait inspirée à l'Autorité Ecclésiastique de la ville d'Apt, de rendre au culte et à la vénération des fidèles l'antique crypte où sont restées déposées, durant tant de siècles, les précieuses reliques de Sainte Anne. Elle proclamait également l'honorable empressement avec lequel l'Édilité Aptésienne s'associait à cette pensée, par l'annonce de fêtes civiles destinées à rehausser l'éclat des pompes de l'Église.

La partie la plus mémorable de ces fêtes devaient être, sans contredit, la tenue des assises scientifiques de l'Institut des provinces de France et l'ouverture d'un concours poétique en langue provençale, appelant les vrais amis du *gay saber* à faire revivre, dans la langue des dieux, ces expressions tour à tour gaies ou sérieuses, fines ou naïves, mais toujours expressives et harmonieuses, qui caractérisent la langue de nos pères et de nos jeunes ans.

Notre intention n'est de rendre compte, ni des pompes que l'Église déploya en ces jours solennels, où notre vieille cathédrale se crut un moment revenue aux splendeurs de ses beaux jours ; ni des assises scientifiques où, sous la présidence du docte M. P.-M. Roux, de Marseille, furent discutés et élucidés avec tant de bonheur un grand nombre de points intéressants de notre histoire locale ; ni des fêtes de l'agriculture, qu'une plume plus exercée et plus autorisée que la nôtre a racontées d'une manière si brillante.

Nous ne voulons pas davantage exposer, dans tous leurs détails, les mouvements qui se sont opérés autour de notre concours poétique, à l'égard duquel nous rappellerons seulement que les sujets proposés, au nombre de trois, étaient :

1º Des *Stances à Sainte Anne ;*

2º L'*Éloge de la Provence ;*

3º *Un Épisode de Mœurs provençales*, genre comique.

Ces sujets, si bien choisis, excitèrent la verve de nos modernes troubadours, et quarante-six pièces répondirent à l'appel.

Nous ne dirons rien de la Méthode de tambourin (1), sujet non mis au concours, couronné pourtant au grand ébahissement de la population, au lieu de l'*Éloge de la Provence,* sujet très catégoriquement désigné et imposé aux concurrents, et traité par douze d'entr'eux, dont quelques-uns s'étaient déjà fait un nom comme poètes provençaux et à bien d'autres titres.

(1) *Lou Tambourinaire*, méthode de tambourin, par J. Vidal, typographe, prote de l'imprimerie du *Mémorial d'Aix*, dont M. Gaut est rédacteur. M. Gaut était membre du Jury du Concours.

Nous ne dirons rien non plus de la *Scène de Mœurs provençales* couronnée, dont on dit beaucoup de bien, mais
qu'une seule audition ne nous a pas permis d'apprécier.

Nous voulons seulement nous édifier sur la valeur de la
pièce couronnée, comme *Stances à Sainte Anne,* que le *Mercure
Aptésien* vient enfin de publier dans son numéro du 26 octobre
dernier.

Aujourd'hui que le prestige de la mise en scène s'est un
peu dissipé, que nos cœurs ne sont plus sous l'impression de
l'attendrissement tout paternel et, croyons-nous, bien réel, de
celui qui s'était chargé du rôle de lecteur; que le bruit des
applaudissements ne retentit plus à nos oreilles, et que l'enthousiasme a fait place à la réflexion, c'est-à-dire à la raison,
celle-ci doit reprendre ses droits momentanément abdiqués, et
réclamer, pour les exercer, autant de justice et de bienveil-
lance qu'elle avait mis d'empressement et de politesse à les
laisser sommeiller.

Sans doute, quand, en matière de goût, un arrêt est pro-
noncé par l'autorité légitime, la raison dit que l'on doit se
soumettre et exécuter l'arrêt; mais elle dit aussi qu'il est encore permis de rechercher les motifs de la conviction des juges,
en soumettant à une critique consciencieuse le travail qu'ils
ont été appelés à juger.

Et puis, ne faut-il pas enfin venger l'honneur du pays, si
gravement compromis aux yeux des étrangers, qui ont pu at-
tribuer à toute autre cause, qu'à la complaisance et à la politesse, l'accueil bienveillant et même chaleureux que les gens
de goût ont laissé faire à l'œuvre et au jugement?

Lorsque la Commission choisit, pour premier sujet du concours poétique, des *Stances à Sainte Anne,* elle laissa aux
concurrents une latitude qui leur permettait de s'élever de la

cantate jusqu'à l'ode ou à l'hymne, ou de se borner au cantique, ou de descendre jusqu'à la complainte, et même encore
plus bas, s'il y a possibilité.

Voyons à quel degré de cette échelle s'est arrêté l'auteur de
la pièce couronnée sous le titre de : *Cantique à Sainte Anne*, et
sous la signature : Rose-Anaïs GRAS, de Mallemort (Vaucluse).

Quand il s'agit d'une œuvre proclamée comme éminemment
admirable, préconisée avec tant d'éclat et mise en relief avec
tant d'artifice, avec quelle avidité l'esprit ne se jette-t-il point
sur elle pour la contempler, l'admirer, jouir enfin de toutes les
beautés de sa composition et des sentiments naturels ou artis-
tiques qui l'ont produite et qu'elle est destinée à produire !

Aussi, avec quel bonheur avons-nous vu enfin entre nos
mains, après un mois et demi d'attente, cette *Hymne à Sainte
Anne*, donnée et acceptée comme phénomène poétique !

Mais, hélas ! aurons-nous la force de l'avouer ? Après avoir
applaudi nous-même en voyant applaudir, comme on bâille en
voyant bâiller, jamais désappointement, jamais mystification
plus complète, plus humiliante même, s'il faut le dire.

Hâtons-nous de convenir, cependant, que, quoique déparé
par un style inqualifiable, le fond en serait à peu près partout
supportable.

Un rapide coup-d'œil jeté sur le plan va nous permettre
d'en juger.

1o Dans la première strophe, on rappelle à Sainte Anne les
beaux jours qu'elle passait, lorsqu'elle filait le lin et la laine,
pour en confectionner les vêtements de sa fille, qu'elle berçait
sur ses genoux, comme le zéphyr berce un lys blanc ; et, pour
conclusion, on la prie de nous conduire au port, prière qui
sera le refrain de chaque strophe. Celle-ci, sans rien présenter
de remarquable, est pourtant conforme aux idées reçues tou-

chant la simplicité des mœurs antiques, et offre à l'esprit une image qui n'est pas sans grâce.

2º Dans la deuxième strophe, les anges viennent en espiègles épier la jeune enfant et admirer sa beauté, dont Dieu était enchanté lui-même. Ne convenait-il pas que ces créatures célestes vinssent avec une mission divine et rappelassent à Sainte Anne, avec grandeur et dignité, les prophéties des temps anciens et les destinées de cette enfant, dans le sein de qui le Sauveur du monde viendrait réhabiliter l'espèce humaine ?

3º Vient une strophe qui, comme tous les noëls, nous représente les rois conduits par une étoile miraculeuse, et venant se prosterner aux pieds de la Vierge, devant son Fils-Dieu.

4º Surviennent ensuite des anges, qui voltigent et s'ébattent dans le ciel, devant la mère d'une vierge qui l'abrite dans son éclat.

5º Sainte Anne présente les pleurs des pélerins à sa fille qui les console, sans avoir recours à Dieu. Nous ne savons si c'est bien là la marche orthodoxe.

6º Elle reçoit des présents nombreux dans sa chapelle à Apt.

7º On lui demande de nous protéger, comme elle protégea nos pères.

8 Elle est priée aussi de demander à son fils (ceci est plus régulier) qu'il donne du souffle aux poètes, si elle veut qu'ils renouvellent sa fête. C'est la condition sine quâ non.

9º Elle doit enfin abriter la petite Anaïs, qui bégaie et veut la chanter.

Ici finit la pièce.

Nous ne pouvons rien dire de la composition poétique qui, comme le on voit, est nulle. Nous ne dirons rien non plus de art avec lequel sont disposées les diverses parties de l'œuvre;

l'art ne paraît pas l'objet dont se pique l'école d'où sort la pièce.

Voyons donc comment la beauté des détails et la magie du style, en suppléant à l'absence de ces images, de ces tableaux, de cette chaleur, de cet enthousiasme qui font l'essence de l'ode sacrée et qui caractérisent les œuvres lyriques de nos modèles, sont parvenues à faire, de la création qui nous occupe, l'œuvre admirable, acceptée et applaudie le 14 septembre 1862.

I

> Santo Ano d'At, bono Santo Ano !
> Ah ! n'en passeres de bèu jour,
> Quand per lou fru de toun amour
> Fièlaves lou lin et la lano ;
> Et que sus ti geinoun, plan plan,
> Lou bressaves, en lou belant,
> Coumo dins nosti plano
> L'auretto brèsso un ièli blanc !

Cette strophe est empreinte d'un sentiment religieux qui se manifeste dès le premier vers, et qui convient parfaitement au sujet.

Pourquoi faut-il qu'elle soit déparée par un style qui n'offre rien de poétique, et par les fautes les plus grossières ?

Bono, bonne, s'écrit en provençal *bouano* ou *boueno.*

Le mot provençal *bel,* beau (*eis un bel home*), donne par le changement de *l* en *u,* changement si fréquent dans les langues de souche latine, *beu* que les comtadins, à moitié Italiens, prononcent *beou.* Mais les vrais Provençaux écrivent *beou. Beu* est une faute d'orthographe provençale. Car si, en Provence, la lettre *u* se prononçait *ou,* il faudrait écrire *lu munde,* lorsqu'on prononcerait *lou mounde.*

Sans nous livrer à une discussion historique, qui serait ici déplacée, nous nous bornerons à rappeler qu'Avignon, bien que faisant géographiquement partie de l'ancienne PROVINCIA, a été sous la domination des rois de Naples et d'Italie depuis le xᵉ siècle jusqu'à l'an 1348, où elle passa sous celle des Papes, en vertu de la vente qui en fut faite par la reine Jeanne au Pape Clément VI, par contrat du 19 juin de la même année. Cette domination de souverains italiens, qui s'est continuée jusqu'au 15 janvier 1790, n'a pu manquer d'imprimer un caractère particulier aux mœurs et surtout à la langue du comtat d'Avignon, que les Provençaux comprennent cependant, comme on comprend toujours, au moins en partie, la langue d'une province limitrophe.

Ce que nous disons du comtat d'Avignon, s'applique également au comtat Venaissin, dont le Saint-Siège fut mis en possession en 1209, à la suite des excommunications lancées par les Papes contre Raymond, comte de Toulouse, à qui il appartenait.

Aussi le langage de ces deux provinces limitrophes de la Provence, n'a jamais été considéré comme le provençal.

Reprenons :

De bèu jour. De signifiant *quaouqueis,* est un collectif qui veut *bèu jour* au pluriel ; il fallait donc écrire de *bèus jours.* Mais alors l'on ne pouvait faire rimer *jours* avec *amour :* faute grammaticale inconcevable. La langue provençale exigeait d'ailleurs *de beous jours.*

Lou fru de toun amour, dans un cantique !! Que ne comprenait-on plus tôt combien cette expression profane était déplacée, dans une pièce destinée à être chantée dans une église ! Dans l'édition de la pièce donnée par le *Mercure Apté-sien* du 26 octobre, cette expression a été remplacée par ces mots : *la Vierge, toun amour.* Nous applaudissons à la correction, quoique tardive. Pourquoi, d'ailleurs, *fru*, qui n'est pas provençal? En Provence, on dit *lou fruit*.

Fièlaves lou lin et la lano, qu'elle affreuse battologie! Et le joli effet, pour peu que le chant répétât deux ou trois fois *laloulilala, laloulilala, laloulilala !*

Ti geinoun, tes genoux. *Toun* fait au pluriel *teis*. En admettant même, comme l'auteur, le patois d'Avignon, qui n'est pas la langue provençale, nous le répétons, il fallait *tis* au pluriel (*tis os*), et *geinoun* au pluriel, *geinouns*. Mais pourquoi ne pas écrire en provençal, *teis ginoux*, au lieu du patois comtadin *ti geinoun?*

Plan plan. Quelle expression triviale! Avez-vous jamais dit, mères provençales, à quelque classe que vous apparteniez : *voou bressar plan plan moun enfant ?* Il est vrai aussi de dire qu'une mère, en pareille circonstance, ne vise ni à faire rire, ni à faire pleurer, ni surtout à provoquer des bravos.

En lou belant. Le mot *belant* ne se trouve ni dans les dictionnaires de Pellas, d'Achard, d'Avril ou d'Honnorat, ni dans les œuvres de nos anciens poètes provençaux, ni dans les écrits plus récents de Gros, de Dieulouffet ou de Bellot. Dans le Languedoc, *bialar* signifie admirer; regarder avec quelque complaisance. L'auteur serait-il donc plus rapproché du Languedoc que des rives du Calavon? Mais la question étant un peu trop indiscrète, nous la retirons. Il n'en est pas moins vrai que, si *bialant* est un mot étranger à la langue provençale, *belant* est, à plus forte raison, un barbarisme. Ce n'est que le premier.

Nosti plano, nos plaines. Nos, en patois d'Avignon *nosti*, et encore avec le signe du pluriel *nostis*, en langue provençale *nouesteis. Plano* au singulier. Pourquoi? Demandez-le à la rime. Il fallait en provençal *nouesteis planos*.

Ièli blanc, c'est *hièli* qu'il fallait écrire.

Ainsi dans huit vers :

Cinq mots étrangers à la langue provençale, mais puisés dans le patois d'une province voisine,

Un solécisme,

Cinq fautes d'orthographe,

Une expression profane,

Une battologie,

Une expression triviale,

Et un barbarisme.

REFRAIN.

O bello santo amistadouso !
Santo Ano, aduse nous au port !
Siegues per n'autre pietadouso
Aro em'à l'ouro de la mort !

O bello santo amistadouso. Ni l'histoire, ni les Écritures ne nous ont rien dit de la beauté ni de l'affabilité de Sainte Anne, bien qu'on puisse les présumer du nombre des maris qu'elle captiva successivement (voyez brev. Nicolaï : *In festo Sanctæ Annæ,* Lect. V.) Malgré cette présomption, nous eussions préféré que, à l'exemple du célèbre prédicateur qu'il nous a été donné d'entendre à l'occasion de nos fêtes, l'on eût arrêté notre pensée sur les grandeurs de notre sainte patronne, plutôt que sur sa beauté et son affabilité. *O grando santo* nous eût paru plus digne d'elle : mais c'eût été moins galant ; et l'auteur se pique de galanterie. De quel sexe est-il donc ?

Amistadouso, caressante, affable, est ici pour le besoin de la rime, mais n'en constitue pas moins une expression impropre.

Aduse nous au port ! Aduerre (du latin AD-DUCERE) signifie a-mener et non em-mener. *Aduse nous* ne peut donc signifier que : apporte à nous, amène à nous, conduis à nous, à l'endroit où nous sommes déjà. Exemples : *adusè me ma pichotto, vous aduse de nouvellos, la reino t'adu de diamant.* Il fallait dire : *meno-nous au port.* *Aduerre* est donc une expression impropre. Et puis, pourquoi *aduse* à la première personne ? Le verbe *aduerre* fait à la seconde personne de l'impératif *adu.* Mais le vers eût été boiteux, et l'auteur a préféré un solécisme à un vers faux.

Au port. *Au* ne peut se prononcer que comme le français AU ou la finale du mot provençal *houstaou ;* mais les provençaux disent *oou port* et non *aou port ;* il fallait donc écrire *oou.*

Mort. *Mort* est français ou comtadin. La langue provençale exige *mouart* ou *mouert.* Mais il fallait rimer avec *port.*

Dans quatre vers :

Trois expressions impropres,

Un solécisme,

Deux mots étrangers à la langue.

C'est dommage, car le ton de ce refrain est d'ailleurs très convenable, quoique mal amené.

II

O benesido entre li maire !
Dins toun enfant que sourisie,
Ta fe trefoulido vesie
L'enfantarello d'ou sauvaire.
Lou cèu èro dins toun oustau ;
Lis ange venien d'amoundau
   Espincha de tout caire
Ta fiho qu'a Diéu fasie gau !

Li maire. *Li,* patois d'Avignon qu'on veut nous donner pour du provençal. A-t-on oublié qu'Aix était la capitale de la

Provence et qu'à Aix on dit *leis ?* Et puis, pourquoi pas *lis* au pluriel, comme plus bas *lis ange ? Maire* au pluriel fait *maires;* mais il fallait une rime au singulier *sauvaire.*

Trefoulido signifie folâtre, badine. Nous croyions Sainte Anne plus grave que cela, à l'âge où elle fut mère, quoique bien jeune encore.

Enfantarello n'est pas provençal ; aucune localité en Provence n'admet ce mot que l'on a voulu tirer du mot provençal *enfantar,* enfanter. Le mot provençal est *enfantayritz. Enfantárello* est donc un barbarisme comme le serait en français ENFANTEUSE. Et de deux !

D'ou Sauvaire, du Sauveur. D'abord DU se dit en provençal *d'cou* et non *d'ou* ; et si *dou* se prononce *doou,* pourquoi dans le refrain n'avoir pas écrit *ou port* au lieu de *au port?*

Sauvaire est un nom d'homme, qui s'écrit et se prononce en provençal *Soouvaire* ; mais il ne s'applique pas au Sauveur du monde. Ainsi, *lou Soouvur d'oou mounde* et non *lou Soouvaire d'oou mounde; la gleiso de Sant-Soouvur* et non *la gleiso de Sant-Souvaire.* Disons pourtant qu'à Aix une certaine classe dit encore *Sant-Soouvaire;* mais quelle classe ! Ici donc un barbarisme et une expression impropre ou basse dans un seul vers. Mais le genre adopté et le besoin de la rime exigeaient la création d'un mot baroque et une rime en *aire.*

Cèu, ciel, est un mot vieilli qui n'est plus dans la langue, et qui s'écrivait d'ailleurs *ceou.*

Oustau , l'orthographe provençale exige que l'on écrive *houstaou.*

Lis ange. Sachez d'abord que *ange* au pluriel s'écrit *anges.* Et puis *lis.* Vouloir absolument nous donner du patois d'Avignon pour du provençal ! Et pourquoi pas *li ange,* comme plus haut *li maire,* et plus bas *li flour, li benfa, li ben?*

D'amoundau, écrivez donc *d'amoundaou*. Faute d'orthographe provençale.

Espincha. L'infinitif fait *espinchar* ; les anges ne venaient pas ÉPIÉ, mais ÉPIER. Faute, que ni le besoin du vers ni les exigences de la rime ne justifient, et qui ne trouve son explication que dans une ignorance absolue des règles grammaticales les plus élémentaires.

Espinchar se prononce d'ailleurs *espincha*, comme le français ÉPIER, se prononce ÉPIÉ.

Et puis, pourquoi faire des anges des espiègles qui viennent épier en se cachant, au lieu d'admirer la fille, en bénissant la mère?

Qu'a Diéu fasie gau. Comme c'est poétique !

Il fallait d'ailleurs *Dieou* au lieu de *Diéu*, et *gaou* au lieu de *gau*.

Ainsi dans huit vers :
Un mot étranger à la langue,
Sept fautes d'orthographe,
Une expression inconvenante,
Un barbarisme,
Un mot grossier,
Deux expressions triviales,
Un solécisme.

III.

Mai d'ou desert entre lis oundo,
Vese uno estello que parèis ;
A Bethelen meno tres rèis,
I ped de ta fihetto bloundo.
De l'enfant Diéu, d'aquel enfant
Qu'i pecadou largue soun sang,
   Font qu'encaro subroundo,
Ei tu que sies la maire-grand !

D'ou desert. C'est *d'oou*, s'il vous plaît, qu'on écrit en provençal.

Lis oundo. A la bonne heure ! Et non *li oundo* : ce doit être un oubli de l'auteur. *Oundo* au pluriel fait *oundos*; faute d'orthographe forcée par le besoin de rimer avec *bloundo*.

Pareis. Le verbe *pareisse* fait à la troisième personne du singulier du présent de l'indicatif *parei* sans *s*, solécisme que rien ne justifie. Mais *parei* rimant avec *reis* aurait trop sauté aux yeux.

I ped. I, patois d'Avignon, signifie *eis* en provençal. Mais pourquoi le patois d'Avignon dans un concours en langue provençale? *Ped* fait au pluriel *peds*, s'il vous plaît.

Ta fihello. Quel âge avait donc la Sainte-Vierge lorsqu'elle eut la gloire d'être la mère du Sauveur? Elle était au moins nubile, et alors elle n'était plus une fillette. Et puis la traiter de fillette! Que c'est respectueux !

Bloundo. S'était-on jamais figuré la Sainte-Vierge blonde? NIGRA SUM, SED FORMOSA.... nous a dit l'Écriture. Il y a loin de là à la couleur blonde que lui donne ici notre auteur. Mais, après avoir été galant envers la mère, il devait un peu de galanterie à la fille. Le beau sexe aime à être flatté; et puis, ne fallait-il pas une rime à *oundo* ?

De *l'enfant-Diéu*, en provençal de *l'enfant-Dieou*.

I pecadou. I pour *is* : encore le patois d'Avignon. *Pecadou* fait au pluriel *pecadous*. Toujours une langue qui n'est pas la langue provençale, et toujours aussi ignorance la plus complète des règles de la grammaire et de la logique.

Largué soun sang. Larguar signifie lâcher, ouvrir brusquement et complètement, donner une issue large et soudaine. Exemples : *larguar leis pouars, larguar la resclavo.* Or, le Sauveur du monde livra, mais ne lâcha pas son sang.

Font est étranger à la langue provençale. Les Provençaux disent et écrivent *fouent*.

Subroundo. *Subroundar* signifie surnager, nager dessus, regorger. Or, la source d'où coúla le sang de notre Sauveur ne surnage pas, ne nage pas dessus, ne regorge pas. *Subroundo* est donc une expression impropre, amenée par le besoin de la rime.

Ei tu que sies la maire-grand. Ainsi avertie, Sainte Anne ne peut désormais oublier que c'est bien elle qui est la grand-mère du Sauveur. Le fait est si ancien, qu'il fallait bien prendre des précautions pour qu'elle ne fût pas trop surprise d'entendre parler de son petit-fils à la VIIIe strophe.

Ainsi, dans huit vers :

Cinq fautes d'orthographe,

Cinq mots étrangers à la langue provençale,

Un solécisme,

Quatre expressions impropres,

Une expression inconvenante,

Une pensée ridicule.

IV

Tambèn, Santo Ano, o bono santo !
Estello d'or de Paradis,
Amoun toun amo s'espandis,
Un vou d'ange eilamoun te canto ;
E d'enterin qu'à toun entour
Fan lis aletto, bèu d'amour,
Ta fiho triounflanto
T'amago dins soun esplendour.

O bono santo. Nous l'avons déjà dit : en provençal, c'est *boueno* que l'on prononce et que l'on écrit.

Vou d'ange. *Vou* n'est pas provençal. On dit en provençal *un vol.* *D'ange,* au singulier ! pourquoi ? *un vol* est un collectif, s'il

an

vous plaît, qui exige   *ges* au pluriel. Mais alors l'élision était impossible et le vers faux. Mais bah! l'auteur s'imaginait-il que ceux qui le liraient connnaîtraient mieux que lui les règles de la grammaire et du langage? Soupçonnait-il seulement l'existence de règles quelconques?

Canto. Pourquoi le singulier et non le pluriel *cantoun*? est ce que, par hasard, *un vol* ne serait plus un collectif partitif?

Fan lis aletto. Nous ne savons s'il existe quelque localité de la Provence où cette expression puisse paraître jolie; mais à coup sûr elle est peu digne du sujet. Ouvrez Honnorat et vous verrez qu'elle est encore plus indécente que nous n'osons le dire. On ne dit pas d'ailleurs *faire lis alettos*, mais *faire l'aletto*; et, en conservant même l'expression indécente de *fan lis aletto*, il fallait écrire *alettos* au pluriel.

Beu d'amour. Beu n'est pas provençal; en Provence l'on écrit et l'on prononce *beou*. Et puis, est-ce que la qualification de *beou* ne s'applique pas aux anges? Mais alors écrivez au moins *beus* au pluriel. Il est vrai que, quand on est de force à écrire LES ANGE, on peut bien écrire LES BEAU ANGE.

T'amago. L'auteur n'ayant pu trouver d'expression plus triviale, s'est arrêté à ce mot.

Dans ces huit vers nous trouvons donc :

Trois mots étrangers à la la langue provençale,

Quatre solécismes,

Une locution indécente et incorrecte,

Une faute d'orthographe,

Une expression triviale.

V

Tambèn, quand à la reino et maire,
Reino dau cèu, maire de Diéu,

> Presentes li plour di Roumiéu,
> Qu'a ti pè s'agrouvoun, pregaire,
> Ta fiho, que de la doulour
> A sachu que trop l'amarour
>   Sus la terro, ai ! pecaire !
> En soulas chanjo leu si plour.

Reino dou cèu, maire de Diéu. Le concours était ouvert en langue provençale, vous l'avez oublié. Vous deviez écrire *Reino d'oou ciel, maire de Dieou.*

Li plour, les pleurs. L'article *lou* fait au pluriel *leis;* exemple: *leis enfants.* En admettant même, avec l'auteur, le patois d'Avignon, il fallait *lis* au pluriel. Et puis, pourquoi *plour* au singulier? C'est *plours* qu'il fallait.

Di roumiéu, des Romains. *Di* n'est pas provençal; il est comtadin, et, dans tous les cas, il fallait *dis* au pluriel. La langue provençale exigeait *deis,* contracté de *de leis,* dont plusieurs syncopes successives ont fait *de eis, d'eis, deis.*

Roumiéu. Nous serions curieux de savoir dans quel coin de la Provence *roumiéu* signifie malheureux, délaissé. Voyons si l'analogie ou l'étymologie du mot nous serviraient à en découvrir le sens. Nous connaissons, dans le département de Vaucluse, *lou camin roumiou*, le chemin romain, partie de l'ancienne voie Aurelia, comprise entre le pont Julien, sur le Calavon, et les Beaumettes. *Roumiéu,* par sa ressemblance avec *roumiou,* signifierait donc romain, et, peut-être même par extension, catholique. L'auteur nous présente donc Sainte Anne offrant à sa fille les larmes des catholiques; à moins qu'il n'ait voulu désigner par ce mot les seuls habitants de la ville Éternelle, qu'il ne considérerait pas dès lors comme très-heureux, d'accord en cela avec eux-mêmes, d'après certain parti politique.

Autrefois, il est vrai, avant le xvie siècle, on donnait le nom de *roumiou* aux pélerins qui venaient de Rome, comme aujourd'hui, à l'arrivée d'un ami, de retour de Paris , nous disons : Ah! voici notre Parisien. Mais ce mot vieilli n'est plus dans la langue provençale de nos jours. On dit aujourd'hui, et depuis longtemps, *un pelerin, leis pèlerins, sias un fin pelerin.* Il fallait dans tous les cas *roumiéus* au pluriel ; mais alors où serait la rime avec *Diéu ?*

Ti pè, tes pieds. Tes, en provençal *leis,* en patois d'Avignon *tis.* Dans *pè,* deux fautes d'orthographe , il faut *peds.*

Pregaire. Même en admettant ce mot, qui ne s'emploie plus que par ironie et par dérision : *eis un gros pregaire,* il fallait *pregaires* au pluriel. Mais la rime exigeait ici une faute contre la règle des accords.

L'amarour, l'amertume. En provençal, *l'amarun.* Encore un barbarisme. Mais il fallait rimer avec *doulour.*

Ai pecaire ! Ah ! pauvre ! Quelle noblesse de style !

Chanjo. Faute d'orthographe. Le verbe *changear* fait *changeo.*

Lèu. Encore le patois d'Avignon. La langue provençale veut que l'on écrive et que l'on prononce *leou.*

Si plour, leurs pleurs. Leurs, en provençal *seis,* en comtadin *si ;* et encore, puisque c'est le pluriel, *sis. Plour* doit s'écrire *plours,* au pluriel. Mais la rime exigeait une faute d'orthographe.

Si nous comptons bien, nous trouverons dans ces huit vers :

Sept mots étrangers à la langue provençale,

Dix fautes d'orthographe,

Un mot hors d'usage,

Une expression impropre,

Un barbarisme,

Une locution triviale.

VI.

Et quant de douno, et di plus bello,
Prouclamant touti li benfa
Que de countunio en At as fa
An pendoula dins ta capello !
Tout eici crido que t'aman,
La reino t'adus de diamant,
De flour la pastourello,
Diamant et flour a pleno man.

Quant de douno. Dès qu'il y en a une *quantité*, *douno* et *bello* doivent prendre le signe du pluriel et s'écrire *dounos* et *bellos ;* mais alors l'élision est impossible et le vers faux.

Di pour *deis :* Ce malheureux patois d'Avignon ne cessera donc pas de déteindre sur toute la pièce !

Touti li benfa. Toujours ce traître de patois d'Avignon ; mais au moins écrivez donc *toutis lis,* si vous ne voulez pas absolument des mots provençaux *touteis leis.* Et puis, de quelle autorité retrancher ses deux dernières lettres au mot *benfach ?* n'était-ce pas assez de l'avoir privé de l's final, signe du pluriel ?

Li benfa qu'as fa. Sans nous arrêter au mot *fa* qui devait s'écrire *fachs, faire de benfachs* est un pléonasme vicieux. Nous disons bien en latin : VITAM VIVERE, PUGNARE PUGNAM ; nous disons encore en français : une façon de faire, vous n'avez pas encore pleuré tous vos pleurs ; mais *faire de benfachs* est un pléonasme qu'aucun bon écrivain provençal ne se serait permis.

Que de countunio en At as fa. Voyons ; scandons : *que-de-coun-tu-nie-na-tas-fa.* Que c'est joli *niénatasfa !* Et dire que les admirateurs eux-mêmes de la pièce n'avaient pas encore découvert toutes ces beautés !

An pendoula. Pourquoi *pendoula* au singulier et au masculin ?
Ce n'est pas dans la langue provençale qu'on oserait dire : *de
douno pendoula*. Pourquoi cet oubli de toute les règles, si on
les a jamais sues ? Si on ne les sait pas, pourquoi se mêler
d'écrire ? Et si l'on ose se mêler d'écrire contre toutes les
règles, pourquoi un Jury......? mais chut! Tant de pourquoi
finiraient par être indiscrets.

T'adus est une faute d'orthographe ou un solécisme. *Aduerre*
fait à la 3e personne du singulier du présent de l'indicatif *adu*. -

De diamant, de flour. *De* est un collectif. Pourquoi donc le
singulier? Une faute de syntaxe à chaque mot !

A pleno man. Comme il faut supposer que les reines et les
bergères ont deux mains, comme nous, il fallait *à plenos mans*.

Dans huit vers :

Quatre solécismes,

Trois mots étrangers à la langue provençale ,

Sept fautes d'orthographe ,

Une consonnance ridicule.

VII

D'aperamount, o benurado !
Te plaigue sempre d'assousta
Et la Provenço et la Coumtat
Que ti relicle an counsacrado !
Li ben de Dieu que de ti man
Fagueres plaure à nosti grand,
    Ano, s'aco t'agrado,
Pereu sus nautre aboundaran !

Benurado n'est pas provençal. C'est *benhurouso* ou *benhuroué*
qu'il fallait dire.

Plaigue. Encore un barbarisme ; c'est *plaise* qu'il fallait
écrire.

Sempre, toujours (de *semper*) n'est plus dans la langue ; on dit aujourd'hui : *toujours*.

D'assousta. Après la préposition *de*, il faut *assoustar* à l'in-finitif, mot que l'on prononce pourtant *assousta*, comme en français d'abriter se prononce d'abrité. Mais alors comment faire rimer *assoustar* avec *coumta ?* Personne sans doute n'ose-rait donner D'ABRITER pour rime à COMTÉ. C'est pourtant bien simple : qu'à l'exemple de notre auteur, on écrive D'ABRITÉ.

Et la Prouvenço et la Coumta. Notre ville aurait-elle eu par hasard, à notre insu, le privilège de N.-D.-de-Lorette ? Nous savons tous qu'elle était, avant le 15 janvier 1790, le chef-lieu d'une viguerie faisant partie de la Provence ; mais le fait qu'elle ait voyagé dans le comtat d'Avignon, ou même dans le comtat Venaissin, n'était pas parvenu jusqu'à nous. Ce n'est pas là le seul fait historique intéressant notre localité que l'auteur doi nous révéler.

Ti relicle. C'est le pluriel, s'il vous plait ; il fallait écrire *lis relicles*, ou en provençal *teis relicles* ; mais alors le vers était faux, l'élision nécessaire n'étant plus possible.

Counsacrado. Au pluriel, il faut *counsacrados.*

Li ben, ti man. Toujours le patois d'Avignon ; toujours aussi le singulier, quand il faut le pluriel.

Plaure. Comme en provençal on dit *plo-oure* et non *pla-oure*, il faut écrire *plooure.*

Nosti grand Par respect pour la langue et pour la logique, ô poète, écrivez donc *nouesteis grands.*

Ano, s'aco t'agrado. Quel style ! Nous défions bien le poète le plus adroit et le plus habile de faire entrer dans le langage poétique ces mots : si ça te plaît. Il est vrai qu'il y a poésie et poésie.

Pereu, nautre doivent s'écrire en provençal *pereou, naoutres.* Trois fautes d'orthographe en deux mots.

Dans ces huit vers :

Deux barbarismes,

Un mot inusité,

Deux solécismes,

Quatre mots étrangers à la langue provençale,

Douze fautes d'orthographe,

Une expression triviale,

Un fait historique controuvé.

VIII

Tu qu'as permes à la Durenço
De veire et de beisa tis os,
Escouto nous quand sus toun cros
Cantan en lengo de Prouvenço !
Et se vos que renouvelen
Aquelo festo, à toun felen
    Demando en recoumpenso
Qu'au felibrige doune alen.

La Durenço. Au nombre des visiteurs célèbres attirés à Apt par le pieux pélerinage de Sainte Anne, l'histoire n'a jamais mentionné la Durance. Merci à l'auteur d'avoir tiré ce fait de l'oubli. Il aurait bien dû nous apprendre en même temps à quelle époque s'est passé un fait aussi remarquable. Si ce n'est là qu'une figure de rhétorique, c'est le Calavon qui devait figurer ici au lieu de la Durance. Malheureusement *Calavoun* ne rime pas avec *Prouvenço.* Oh ! la rime, la rime !

De beisa tis os. Après *de,* il faut *beisar* à l'infinitif ; ce n'est qu'un petit solécisme. *Tis os.* Oh ! oh ! Enfin, *tis* avec une *s.* Mais pourquoi pas *ti os,* comme plus haut *ti geinoun, ti pe, ti relicle, ti man ?* Il fallait d'ailleurs, en provençal, *teis ouès.*

Toun cros. Cros, creux, par extension fosse, tombeau ; mot vieilli, qui n'est plus dans la langue provençale. Mais il fallait une rime à *os*, au risque de n'être pas compris.

En lengo de Prouvenço. C'est un peu fort, nous donner le patois d'Avignon ou le comtadin pour le provençal! Mais il fallait bien, pour que la farce fût convenablement représentée, faire accroire aux ignorants, qui trouvent ordinairement d'autant plus beau qu'ils comprennent moins, que c'était la langue imposée aux concurrents.

Se vos. Toujours le patois d'Avignon. En provençal, on dit *vouas* ou *vouès*.

Toun felen. Patois d'Avignon ; toujours ce patois.

Qu'au felibrige. Qu'au, en langue de Provence, s'écrit et se prononce *qu'oou* et non *qu'aou. Felibrige* est un mot barbare, dérivé sans doute de *felibre*, mot aussi barbare que lui. Aucun dictionnaire provençal ne le mentionne comme faisant partie de la langue provençale. Le sens paraît indiquer que l'auteur a voulu faire entendre par ce mot la poésie provençale, les poètes provençaux. Mais les poètes provençaux, l'auteur l'ignore-t-il? se sont toujours appelés Troubadours, et s'il tenait tant à faire un barbarisme, que ne disait-il *à la troubadarie?* Au moins il eût été compris. Va donc pour les mots *felibre* et *felibrige*, quoique étrangers à la langue provençale, mais qu'une certaine coterie de rimailleurs, à Avignon, a inscrits sur son drapeau et sur toutes ses hardes. Les félibres, puisque félibres y a, se proposent donc de nous donner une nouvelle pièce, pour une nouvelle fête de Sainte Anne? Mais alors, quel est le véritable auteur de la pièce? Chut donc! Toujours des questions indiscrètes !

Dans huit vers encore :

Deux faits historiques faux.

Un solécisme,

Quatre mots étrangers à la langue provençale,

Un mot hors d'usage,
Une faute d'orthographe,
Un barbarisme.

IX

Santo Ano d'At, sies ma patrouno ;
Iéu siéu la pichoto Anaïs !
Gardo per iéu en Paradis,
Gardo m'en rai de ta courouno.
Bretoune et vole te canta !
Posque moun piéu piéu t'agrada !
Iéu siéu qu'une chatouno,
Assousto mi, Santo Ano d'At.

Iéu siéu la pichoto Anaïs ! Ici le trivial le dispute au niais. A quelles sources s'est donc inspiré l'auteur ? Ces sources ne s'appellent certainement ni la Bible, ni Anacréon, ni Pindare, ni Homère, ni Horace, ni Racine, ni Malherbe, ni Santeuil, ni J.-B Rousseau. Car, ou notre mémoire nous sert mal, ou nous n'avons jamais lu : Je suis le petit David, je suis le petit Horace, je suis le petit Santeuil. Observons d'ailleurs qu'il fallait écrire en provençal *ieou sieou la pichotto*.

Gardo m'en rai. M'en serait ici mis pour *me en.* Mais, dit-on *en rai* ou *un rai ?* A moins que *m'en* ne soit mis pour *me un.* Ce serait donc la première voyelle du second mot qui subirait l'élision ! Grand Dieu ! où l'auteur puise-t-il donc ses règles ?

Vole, en provençal on dit *vouele. Te canta, t'agrada;* ces verbes servant de complément direct à un verbe précédent, doivent être à l'infinitif et non au participe, et s'écrire *cantar, agradar.* Mais peut-être, pour nos rimailleurs modernes, n'existe-t-il pas d'infinitif en provençal. Qui sait ?

Posque moun piéu piéu. Si l'on visait au burlesque, on a réussi. Quel dommage que le prophète n'ait point dit : CAN-

TATE DOMINO PIEU PIEU NOVUM ! Il fallait d'ailleurs, si l'on voulait écrire en provençal, *pouesque moun pieou pieou*.

Uno chatouno. Plus haut nous lisons *la pichoto*. Est-ce que le second vers de ce... couplet aurait été fabriqué en deçà, et l'avant dernier, au delà du Calavon ? Mais nous nous sommes interdit toute question indiscrète.

Assousto mi. Plus haut *gardo me*. Pourquoi tantôt *me*, tantôt *mi* ? Quelqu'un pourrait-il nous éclairer là-dessus ?

Dans huit vers encore :

Un vers ridicule,

Quatre mots étrangers à la langue,

Une faute d'orthographe,

Trois solécismes,

Et une expression triviale.

Nous voici au terme de la tâche que nous nous sommes imposée.

Le lecteur peut maintenant, en toute connaissance de cause, assigner son véritable rang et appliquer le titre convenable à la pièce ADMIRABLE, aux strophes RAVISSANTES, au BEAU cantique que nous venons de disséquer. Nous espérons avoir fait comprendre combien elle est indigne des honneurs littéraires et religieux dont elle a été l'objet, et avoir fait partager à cet égard notre conviction à tous ceux qni possèdent le sentiment du goût et des convenances. Mais ce que l'on ne pourra comprendre, ce sont les efforts qu'il nous a fallu faire, pour surmonter le dégoût toujours croissant qui a rendu bien pénible un travail déjà fastidieux par lui-même, mais qu'il a pourtant fallu pousser jusqu'au bout, pour justifier notre jugement.

Et voilà, pourtant, l'œuvre sans nom que l'on a osé signer, couronner, chanter et imprimer ! Que la petite Anaïs n'ait pas eu conscience de ce quelle faisait, en apposant son nom au bas de cette pièce, son âge supposé et le peu d'instruction qui y correspond généralement, le rendent fort probable : les mots de *pichotto* et de *chatouno* indiquent une enfant de première communion. Que le véritable auteur de la pièce n'ait pas osé la signer, notre analyse explique sa prudence.

Mais les sept du jury (1) ! Où trouver les motifs de leur conviction ? Mais l'Eglise qui a ouvert ses portes à la profanation ! Elle était sans doute loin de s'attendre à un pareil manque de respect pour le lieu saint. Et d'ailleurs la qualification *d'admirable* déjà donnée à la pièce par un journal induit en erreur, l'air vibrant encore des applaudissements qui venaient d'en accueillir la lecture et le couronnement, tout semblait justifier de sa part une admission sans examen : elle supposait aussi, il faut le dire, un examen antérieur.

Et puis, personnne ne soupçonnait alors le tour que devait lui jouer, bien innocemment, le *Mercure*, le 26 octobre suivant. Perdue jusqu'à ce jour sous l'épaisse enveloppe que lui avaient prudemment faite la déclamation, l'attendrissement, les applaudissements et les bravos qui en avaient accompagné une seule lecture, chantée soit en solo, soit en chœur, et une seule fois aussi, sous les voûtes sonores d'une vaste église, qui de nous pouvait se flatter de la connaître ? Sans toi , *Mercure*, l'illusion durerait encore, et nous croirions encore posséder un cantique à Sainte Anne.

Qu'on nous permette encore un mot.

Qu'un jour de composition , au collége , la moins mauvaise de toutes les copies des écoliers d'une classe de sixième contienne, si c'est possible, autant de barbarismes, de solécismes,

<hr>

(1) MM. Mistral, de Maillanne, président ; J. Roumanille, de Saint-Remy, secrétaire; Th. Aubanel, d'Avignon ; Crousillat, de Salon ; J.-B. Gaut, d'Aix ; Ludovic Legré, de Marseille ; Anselme Mathieu, de Châteauneuf-du-Pape,

en un mot, de fautes de toute espèce que la pièce couronnée, le professeur n'hésitera point à déclarer qu'il n'y a pas lieu d'assigner les places et que la composition est à refaire ; j'en atteste le personnel enseignant de notre ville.

Que la pièce couronnée ne soit pas inférieure à quelques unes des 19 pièces du concours, nous l'admettrons par complaisance. Mais qu'il y en ait une plus mauvaise, c'est ce que le respect même dû à la chose jugée ne nous fera jamais admettre.

Nous désirons cependant nous tromper, et nous aspirons après le moment où la Commission et le Jury (1) permettront au public, en mettant sous ses yeux toutes les pièces du concours, de ratifier l'arrêt du Jury, et à nous, de modifier notre jugement.

En attendant, et pour justifier notre critique, nous donnons ici la traduction littérale en français de la pièce couronnée, en reproduisant, autant qu'il nous est permis de le faire, toutes les fautes, solécismes, barbarismes, etc., dont elle est ornée.

I

Sainte Anne d'Apt, bonne Sainte Anne !
Ah ! tu en passas de *beau jour*,
Quand pour le fruit de ton amour
Tu fi*lais le lin* et *la lai*ne ;
Et que sur *té genou, planplan,*
Tu le berçais, en le *bellant* (2),
   Comme dans *no plaine*
La brise berce un lys blanc.

(1) A défaut de la Commission et du Jury, tous les concurrents qui ont traité le sujet pourraient s'entendre pour publier en commun leurs compositions, ce qui serait une voie beaucoup plus sûre pour en appeler au public, de l'arrêt du Jury, quelque consciencieux qu'il ait pu être.

(2) L'auteur, sans doute, a voulu dire : *le trouvant beau.*

O belle sainte affable !
Sainte Anne, *j'amène* nous au port !
Sois pour *nou* compatissante,
A présent et à l'heure de la mort !

II

O bénie entre *lé mère !*
Dans ton enfant qui souriait,
Ta foi badine voyait
L'enfanteuse du Sauveur.
Le ciel était dans ta maison ;
Les *ange* venaient de là haut
Épié de tout côté
Ta fille dont Dieu était tout réjoui.

O belle sainte affable.....

III

Mais du désert entre les *onde,*
Je vois une étoile qui *parais ;*
A Bethléem elle mène trois rois
Au pied de ta *fillette blonde.*
De l'Enfant-Dieu, de cet enfant
Qui aux *pécheur lâcha* son sang,
Source qui encore *surnage,*
C'est toi qui es la grand-mère !

O belle sainte affable...

IV

Aussi bien, Sainte Anne, o bonne sainte !
Etoile d'or de Paradis,
Là haut ton âme *s'épanouis,*
Un vol *d'ange* là-haut te *chante ;*
Et pendant qu'autour de toi
Ils *coquettent, beau* d'amour,
Ta fille triomphante
T'enveloppe dans sa splendeur !

O belle sainte affable.....

V

Aussi bien, quand à la reine et mère,
Reine du ciel, mère de Dieu,
Te présentes *lé pleur dé pélerin*
Qui à *té pié* s'accroupissent, *prieur*,
Ta fille qui de la douleur
N'a su que trop l'amertume
    Sur la terre... Ah ! pauvre !
En consolation change vite *leur pleur*.

    O belle sainte affable.....

VI

Et que de *don* et *dé* plus *beau*,
Proclamant tous les *bienfait*
Que continuellement tu as *fait* à Apt
A-t-on *suspendu* dans ta chapelle !
Tout ici crie que nous t'aimons :
La reine t'apporte des *diamant*,
    Des *fleur* la pastourelle,
Diamant et *fleur* à *pleine main*.

    O belle sainte affable......

VII

De bien là-haut, o bienheureuse,
Te plaise toujours *d'abrité*
Et la Provence et le Comtat
Que *té relique* ont *consacrée !*
Lé bien de Dieu, que de *té main*
Tu fis pleuvoir sur *no aïeul*,
    Anne, si ça te plaît,
Sur nous aussi abonderont.

    O belle sainte affable.....

VIII

Toi qui as permis à la Durance
De voir et de *baisé* tes os,
Ecoute-nous quand sur ta fosse
Nous chantons en langue de Provence !
Et si tu veux que nous renouvelions
Cette fète, à ton petit-fils
    Demande en récompense,
Qu'aux rimailleurs il donne haleine.

    O belle sainte affable.....

IX

Sainte Anne d'Apt, tu es ma patronne :
Moi, je suis la petite Anaïs !
Garde pour moi en Paradis,
Garde-moi un rayon de ta couronne...
Je bégaie. et je veux te *chanté !*
Puisse mon piolement *t'agréé !*
Je ne suis qu'une petite fille,
Abrite-moi, Sainte Anne d'Apt !

    O belle sainte affable,
Sainte Anne, *j'amene* nous au port !
Sois pour nous compatissante,
A présent et à l'heure de la mort !

Apt, 30 octobre 1862.

ALFRED ARTAUD.